JN440042

그리고 거기, 모퉁이를
걸어놓고

그루 현대시인선 25

그리고 거기, 모퉁이를 걸어놓고

전태련 시집

그루

시인의 말

한 생을 건너가도
당신은 늘 그 너머 계시고
지혜와 지성을 가로질러 존재하는,

언제나
가 닿을 수 없는
먼 그대,

2025년 봄
전태련

차례

시인의 말 5

I

인인隣人 13
그리고 거기, 모퉁이를 걸어놓고 14
그냥 16
마사이마라 아까시나무 17
띄어쓰기 18
끝 간 데 서다 20
일상의 돌연변이 22
존 말코비치 되기 23
제목 없이 24
봄, 잠깐 보다 26
그림자 28
능소화 유감 30
유월 31
숙이 32
여지 34

II

강물도 그리움이 깊으면 37
강물이 부드러움을 버릴 때 38
강이 있는 마을 40
강물은 흘러야 한다 42
우리 서로 강물이기를 44
강물에 하늘이 들어올 때 46
삶, 유월이어라 48
낭비되고 있는 봄 50
누가 내일을 만난 적 있나? 52
신홍길동전 54
모르는 일 56
두 시와 세 시 사이 57
길은 칭을 가진다 58
착한 사마리아인처럼 60
거울 62
바람의 집 64

III

단풍 67
사막은 밤에 별빛으로 운다 68
빅뱅 70
하현달 71
꽃이 피었다 72
백 년 동안 읽는 책 74
어머니의 코헬렛 76
십 년 만에 피는 꽃 77
썸 타다 78
오후 네 시 80
엄마의 화단 82
밤에 쓰는 편지 84
처서 지난 즈음 85
그때 꽃이 피었는가 86
현대판 장자몽 88
소나무 빌런 90

IV

만추 93
그리움이 마른 풍경 94
늙지 않는 기차 소리 96
죽은 시詩들의 세상 97
푸른 신호등 98
겨울나무 99
바람의 넋 100
11월의 나무 101
냉장고는 억울하다 102
'청라언덕과 같은 내 맘에' 104
이월에는 106
월아천 107
정처 108
가을 109
슬도瑟島의 바람 110
바위에 새긴 시 111

해설 겸허한 사유에서 영성으로 _이태수 114

I

인인隣人

사람의 가슴엔 흐르기를 원하는
깊고 큰 강이 있음을
세월이 갈수록 느껴 안다
너와 나의 경계 너머 그 위로
물결 되어 넘쳐나는 무늬들

사람의 가슴엔
맑은 날에도 이렇게 비가 오는 것을
내 몸 위로 부딪히며 빗발쳐 오는 그대의 비를
이유를 묻지 않고 내가 맞기도 해야 한다는 것을

눈물겹다
마음이 저희끼리 범람하는 것

그리운 시냇물 있어
바람은 계절마다 분다

그리고 거기, 모퉁이를 걸어놓고

그대,

삼월에 오는 눈처럼 뜬금없이 오지 말고
오려거든 이인칭으로 오시라
무리에 섞여 삼인칭으로 오는 건
삼월에 내리는 눈만큼 객관적인 것을
성가심만 보태는 것

눈빛으로만 피우는 눈꽃은
허공중에 자취를 모르고

어린 왕자의 여우처럼 조금씩 다가온다면
거기, 길이 꺾인 골목 그 너머 내가 서 있으리니
모퉁이를 도는 마음까지 그대가 가닿을 수 있다면
그곳에서 일인칭으로 기다리는 나를 만나게 될 거라는
투명한 햇빛 그물 감치는
싱싱한 잎맥으로 살아나는 푸른 날들이 있는 곳으로
우리의 씨줄과 날줄을 짜 올릴 거라는

그러니, 오시라

나와 너로 만나는 그 자리까지
그대가 올 수 있다면
일인칭으로 오시라

그냥

'그냥…'
전화했다 말하면 화를 내던 사람이 있었다

노을 같은 마음이 '그냥' 속에
들어 있는 줄도 모르는
다른 별에서 온 사람이 있었지
'그냥' 안에 갇혀있던 그 많은 망설임이
수십 번 애끓던 그리움이
속절없이 뭉개지던 그때

노란 불빛 지키던 안개꽃 한숨이
무지갯빛으로 떴다 진 별이
'그냥' 안에 피고 진 줄도 모르는
보고 싶단 말보다 더 붉은 꽃을 피우는
'그냥'이
있음을 알지 못하는

먼 그대

마사이마라 아까시나무

자연 다큐멘터리에서 본 마사이마라 사막에는
대부분의 나무들이 가시를 달고 있는 아까시나무라고
한다
건기의 목마름을 견디기 위해서
거기 물을 저장한다고

이웃집 그도 내 곁의 그녀도 자신의 약함 때문에
살기 위해 가시를 달고 있는 것인지도 모른다
상처가 많아 지레 겁을 먹은 표시인지도

내가 그냥 찔리는 것이다
그건 그의 본의가 아닐 거라는

세상엔 내가 미처 알 수 없는
그만의 마사이마라 아까시나무 한 그루쯤
누구나 키우고 있다는 것을

띄어쓰기

어쩌라고
그 어려운 것을

너무 떨어져 있으면 소원하고
붙어 있으면 부담이 되는
그렇구나
너와 나 사이
그 '적당히'라는 걸 천하에 믿을 수 없는
마음에 맡겨 두었으니
정확한 띄어쓰기 그게 안되는 것을

그러니까 그게
적당한 거리에서 너를 보면
그 간격 사이 지울 수 없는 의미 돋아나고
어쩌면 향기조차 품을 수 있다고
그러니, 그 거리라는 걸 한번 잘 재어 보자고
너와 나 사이

있을 곳에 함께 있고
적당한 간격으로 서 있는 그런,

맞춤법에 맞는 띄어쓰기 한번 잘해 보자고
그 거리에서 세상에 둘도 없을 꽃 피워
붉게 익어 저절로 열어젖힌 석류알 같은 마음도 익혀 보자고
말하고 싶은
환장하게 아름다운 가을날

평생 해도 어긋나는 그것
사람 사이 띄어쓰기

끝 간 데 서다

역경은
나무도 낮은 포복으로 자라게 한다

너무 높이 올랐나?
황매산 정상 부근
바위 틈새로 뿌리를 내리고
옆으로 비스듬히 누워 자라는 소나무

하늘이 좀 더 가까이 내려와 있는 곳
차마 쳐다볼 수 없어
엎드려 자란다
올라오다 보니 여기까지 온 것을
너무 높이 오른 걸 몰랐다

상처를 덜 받으려 고개를 숙이고
머리를 가슴에 바짝 붙여
자신의 내면을 찬찬히 들여다보며 가다 보면
어떤 끝 간 데까지 간 자만이 맛보는
그런 평화가 온다는 걸
나무도 아는 걸까

뿌리를 걱정하며 낮은 포복으로
숨죽여 살아간다

더 이상 엎드릴 데가 없다

일상의 돌연변이

그해, 여름
바람이 그늘을 흔드는 거기, 자주 앉았다
잔디 틈새로 억척스레 뿌리 내린 클로버
벼락 맞을 확률 같은 행운을 찾아보자 작정한 듯
줄기를 잡아당기면 흙 속에 단단히 박힌 뿌리는 완강했다
여린 새싹 같은 클로버 잎들이 아기 손바닥 같다
그래, 행복은 땅에 단단히 발을 딛고 서서
억센 뿌리 힘으로 만들어내는 자잘한 일상이라는 듯
아열대 스콜이 소나기를 데려왔지만
네 잎 클로버 찾는 날 밤엔 자주 깨어
물을 마셨다

존 말코비치 되기*

마른 석양을 등에 얹고 낙타 한 마리
천천히 사막의 갈비뼈를 훑으며 집으로 간다
일과를 끝내고
노곤한 몸을 얹고 집으로 향하는

그는 지금 누구의 얼굴로 가고 있는가

오늘 하루 여러 얼굴, 다양한 모습을 연출한
숱한 너를 거쳐
집으로 돌아가는 그 얼굴은 마침내 자기 자신인가

어느 통로로 나가면 자신을 만날 수 있을 것인가

그림자 없는 밤을 건너
하나의 몸에 한 종류의 꽃을 피우는 꽃나무처럼
그렇듯 단순한 잠은 찾아올 것인가

오늘 밤
잠든 그 얼굴에 깃든 그는 누구인가

*스파이크 존즈 감독의 영화 제목

제목 없이

하루를 살아도 제목 없이 저물 때가 많은 것을
굳이 제목을 달으라 하네
일기를 쓰는 사람은 오늘의 제목을 생각할까
어제와 같은 지금
그리고 내일이 있을 뿐
하루로 쓸 제목은 마땅찮아
별 제목 없이 지내는 일상이 복된 것을
천변에는 세 잎 클로버 지천이고
네 잎 클로버는 정말 행운처럼 아주 가끔,
평생 한 번 찾지 못하는 이들이 태반인데

큰 제목을 단 사람들은 국립묘지나
또 다른 곳에 넓은 대지를 차지하고 사람들을 불러 모으지
너와 나 영이 철수는 세 잎 클로버
오늘만큼 나이를 먹고
시간을 흘려보내고 별 탈 없이 산 것이 고마운 장삼이사張三李四
마지막으로 다는 제목은 이름 석 자
한 생 잘 썼다고 누워 있는 것

알고 보면 네 잎 클로버 같은 세 잎 클로버지
그게 어디 쉬운 일인가
그리고 막판
반전을 꿈꿔보지

봄, 잠깐 보다

봄은,
잠깐 본다 하여 봄인가

언뜻 꽃을 본 것 같은데
어제, 찬비에 거무스레하게 얼굴빛 변하고
오늘 훈훈한 바람이 부는가 싶어도
되돌아선 찬바람이 꽃들의 뺨을 후려친다
잠깐 얼굴을 보여준 꽃들은 불청객의 침입에 꽃잎을 떨구고
나무는 서둘러 잎들을 내민다
내일은 가벼운 옷을 입고 걸어도 땀이 나는 초여름이 오는 듯,
듯, 듯하다
다시 옷깃을 여미게 하는,

봄
왔다 갔다
너를 잠깐 본다
마음도 계절을 바꾸느라
이리저리 혼란스럽다

풋사랑

올봄은 유독 더 짧게 보는
봄

그림자

아가는 생애 첨으로 자신의 그림자와 맞닥뜨렸다

그걸 피해 달아나다 주저앉아 운다
납작한 것이 자신을 닮은 것 같은 그게
캄캄한 곳에 숨어 있다 자꾸 자신을 따라붙는다

이리저리 달아나도 앉았다 일어섰다 돌아서 봐도 여전히 붙어 있는 그것
이건 정말 생애 처음 붙잡힌 집착의 공포일 터
평면적인 그게 말이지

그를 잊기까지 얼마의 시간이 걸릴 것인가
둥근 지구 어느 한편에서
그림자를 버리기 위해 오늘도 꽃잎을 떨어뜨리는 꽃이 있다

샴쌍둥이 같은 자신의 어두운 자아
밝은 데서도 어둠을 동반하는 목숨인 걸 알아채는 그때는
생의 비애를 조금 눈치 챈 슬픈 순간일 거야

사람은 혼자 있을 때 대체로 납작해
그게 리얼리티일 거야
그를 버리지 마, 그는 잘나지도 못나지도 않은
지구상에서 가장 평등한
너와 나의 리얼리티야

능소화 유감

사랑,
그에겐 눈이 없다 하여
막무가내로
아무데나 싹을 틔워 저 혼자 잎 내고 꽃 피우다
가슴앓이는 내게 맡겨두고
어디로 쏘다니는지

그가 불질러 놓은 사달 뒤치다꺼리
반평생 보내고
긴 여운 몸살 추스르기도 전에
다시 새로운 자리 트는
염치없는 그것
늙지도 철들지도 않는

무엇에도 방해받지 않던
내 밤을 훔쳐 잠 못 들게 하는
대책도 대안도 없는

뿌리째 건너갈 수도 없으면서
낭창낭창,
능소화 담장을 넘는다

유월

유월은 가임기의 여인의 몸처럼
윤기 자르르하다
그래, 너에게로 자꾸 번지는
유월

햇빛 비린내
생풀 냄새

유월의 들판을 지나면
확 끼쳐 오는 풀들의 몸 냄새
말랑말랑한 가능성
달콤 쌉쌀한 불확실성 속
미혹하는 청춘

설레는,
그 아릿한 연두에서
초록으로 넘어가는 길목엔
그리운
열여섯의 내가 있다

숙이

저녁 해거름, 마당 귀퉁이 마른 석양이 내려앉던 우리 집 화단 옆 우물가에서
함지박에 깔리듯 보리쌀을 가져와 머리를 숙이고 말없이 벅벅 문질러 씻던
옆집 숙이

예전에는 양반이라며 한량이던 그 아버지는 둘째 부인을 두고
배다른 오빠들 엄격한 할머니 열 명가량의 식구들이 살던 대나무가 자라던 그 집
장골 어른 밥 한 공기 정도밖에 되지 않을 양의 보리쌀을
저녁 한 끼를 위해 코를 빠뜨리듯 고개를 푹 꺾고 말없이 문대던 그녀
그것도 며칠에 한 번 정도 모습을 보이던
숙이

그때, 그게 뭘 뜻하는지 몰랐다
지금에 와서야 그게 뭘 의미하는지
알겠는데

기다란 속눈썹에 덮인 검은 눈동자가
우물보다 더 깊고 동그랗던,

지금도 고개를 꺾고 보리쌀을 씻고 있을
지구 곳곳의 이웃 숙이들

여지

어제, 밤새 불어난 시냇물이 그대에게로 가던 징검다리를 삼켜 버렸습니다. 밤새 머리맡에 뒤척인 꿈이 그대의 근심이었는지 사랑이라도 이렇듯 넘치면 그 마음에 닿을 돌다리를 휩쓸고 가는 것을, 사람 사이엔 수위 조절이 필요하단 것을 오늘 불어난 냇가에 앉아 배웁니다. 작년 꿀을 조금 남기듯 건잡을 수 없는 화를 바닥까지 긁지 않고 접듯 다시 건너갈 돌다리 떠내려가지 않게

어떤 것이든
누군가에게든

조금 남겨둬야 한다는 것을 알겠습니다.

II

강물도 그리움이 깊으면

흐르는 물도 그리움이 깊어지면 멈출 때가 있다

오늘 물은 어제의 그 물이 아니라지만
물도 누군가 사무치게 보고프면
몸을 바꾸어서라도 누군가를 기다릴 때 있다

하필 엄동설한,
갈 길 바쁘게 곁눈질 한 번에 가버리던 강물이
엄동의 한복판에서
몸을 얼려 멈춰 섰다

누군가 간절히 기다리는 맘이면
정신이 몸을 지배하는가
투명한 눈망울로 그 자리에 서 있는 그,

몸을 단단히 하고서 누구를 등에 업고 건널 일 있는지

강물이 부드러움을 버릴 때

강물에 돌멩이를 던지면 물은 그 돌을 뱉어내는 일 없다
가슴에 떨어진 돌이 깊은 옹이를 만들지만
부챗살처럼 번지는 아픔을 금세 지우고
슬쩍 한 번 몸을 뒤척이며 흘러간다

이렇게 매번 용서하는 강물도
때론 화를 낼 때가 있다
돌을 품지 않고 쩡, 신음 소리를 내며
가슴의 상처를 감추지 않는다

강물은 그 자리에 멈춰 서 있고
돌은 알몸인 채 부끄러움을 견딘다
강물이 부드러움을 버릴 때 생각해야 한다
강물도 가끔 힘이 든다는 것을

누군가 화를 낸다는 것은
품을 힘이 없다는 것이다

착한 강물도 자신을 품어줄 바다가 필요하듯

누구나 자신을 비빌, 그런 바다 하나쯤 그리워하며 살아간다

오늘은 내가 그의 강물이 되어주고

내일은 그가 나의 바다가 되어주길 바라면서

강이 있는 마을

강이 있는 마을은 살아 있다
전설 하나쯤은 품고 흐르는 강

어릴 적 해거름 저녁
맨발로 꼭꼭 찍어둔 발자국을
찾아 하나둘 찾아오는 곳
강물이 매 순간 옆구리를 씻어주고 가는 마을은
늘 말간 얼굴일 것이다
흐린 꿈의 머릴 토닥이며
강물이 흐르고 있어
악몽은 어질머리 싸매고 달아나는 곳
해마다 마을에서 한 사람씩 길동무로 데려갔지만
무섭지 않은 강
감빛 석양이 붉은 수를 놓으며
물 위를 뛰어다니던 그 풍경만을 가슴에 심어 놓은
동심이 흐르는 그곳
강물은 흘러서 좋고
마을이 거기 있어 마음 놓이는
언젠가는 찾아가 봐야 할 것 같은

어머니의 강

그 강이 흐르는 마을

강물은 흘러야 한다

흐르는 강물은 외로울 틈이 없다
강둑에 앉아 흐르는 물을 보노라면
낯익은 듯 낯선 물결이
두둥실 나를 싣고 함께 흘러

물은 흘러야 하고
시간은 가야 하고
흐르지 않는 바람은 이미 바람이 아니듯
흐르지 못한 구름이 땅에 이마를 짓찧듯
흐르지 않는 물 고인 물은 무서워
밤에 보는 호수는 물컹한 괴물 한 마리
철퍼덕 엎어져 있는 것 같아
옆구리에 닿는 너, 물컹, 생경스럽다
흐르다 보면 바위에 부딪혀 깨지기도 하고
어딘가 진창에 처박히기도 하지만
흐르면서 지워가는 것이라고
흐를 수 없는 날엔
찬물로 말갛게 얼굴이라도 씻어 보자
어제의 감정들은 이미 흘러간 물결이라고
강물처럼 우린 이만큼 흘러왔다고

세월의 강물이 너와 나 옆구리 사이를 무수히 흘렀다고
흐르지 않는 것은 사랑이 아니라고 말해 두자

우리 서로 강물이기를

호수에서 함께 여울지던 물결
다른 개울로 갈라져
저 너머 멀리 흐르는
그대,
이름 한 번 부르는 것으로
오늘의 일용할 양식 삼는다
허공을 넘어 건너오는 메아리

어느 물줄기 섞이며 그를 만났다
안부 전하네
얼마나 더 흘러야 우리 만날 것인가

사랑은 왜 일생을 걸쳐
하나의 물줄기로 흐르지 않는가
너를 건너 부르는 이 사랑의 노래는 무엇인가

흙탕물 맑은 물
흐르고 흐르다 보면

어느 먼 훗날

숱한 물고기 떼 키우는
크고 작은 배들을 띄우는
한바다에 가닿으리

그리고 사랑은,

강물에 하늘이 들어올 때

내 맘의 강물이 출렁인다
출렁이며 흐르는 강물에
하늘이 들어온다

뒤척이는 강물에 하늘이 들어오면
하늘도 잘게 쪼개진 채 흐른다

하늘이 부서지고 구겨지는 건 하늘 탓이 아니다
그렇다고 흘러야 하는 강물 탓도 아니다

강물에 하늘이 온전한 모습으로 내려온 적 있었던가

강을 굽어보며 자신을 다 주려 기다린 하늘인데
잠시 잠깐 흐름을 멈출 수 없는 강

강물이 호수가 아닌 바에야
하늘도 조금씩 잘게 부서지고 구겨진 채
자신을 줄 수밖에

강이 멈추기 위해 자신을 얼려 보아도

거기에 하늘을 담을 수는 없다

쪼개지고 주름지며 흐르는 강물에게
하늘은 조금씩 자신을 먹인다

언젠가 강물이 흐름을 멈출 때
하늘이 온전히 강에 들어올 것이다

그리고
둘이 하나가 될 것이다

그때
강은 더 이상 강물이 아닐 것이다

삶, 유월이어라

유월이 초록을 한 짐 부려놓은
들녘

콩밭 매는 옆 산에서
뻐꾸기 또랑또랑 때늦은 콩을 심듯
이마의 구슬땀과 함께
한시름 곡조를 만든다

유월 한낮

허리에도 못 미치는 콩대는 그늘을 짓지 못하고
정오를 건너는 땡볕이
구부린 등허리 속적삼을 파고드는
초여름

남의 둥지에 탁란하고
남의 손에 키운 제 새끼 부르는
염치를 모르는 어미 뻐꾸기 소리
너무 죄 없이 맑아
어질병 난다

누구는 이렇게
누구는 그렇게

한 생을 건너가는
유월

낭비되고 있는 봄

방문을 걸어 잠그고 봄을 차단한 채
사람들이 모두 몸을 숨긴 거리
낯선 방문객이 문을 두드릴까 두려워
몸을 웅크린 틈으로
봄은 어느새 와서 저 혼자 범람한다

원시의 비린내로 꽃들은 저희끼리 흐드러지고
추위도 한참 지난 봄의 절정쯤에도
사람들은 한기를 느끼는지 입을 가리고
고슴도치처럼 몸을 말아
저만치 혼자 걸어간다

너와 나 떨어진 거리만큼 은근한 걱정이
서로의 안부를 묻는
말 없는 눈빛 속에 안위를 걱정하는
서로의 어깨를 두드리며 격려하는
무언의 시선을 던지고

총총히 볼일을 끝낸 사람처럼
모든 일상의 셔터가 내려진 채

봄볕은 저 혼자 흥청망청 낭비되고 있다
한 번도 경험하지 못한
'코로나'의 봄

누가 내일을 만난 적 있나?

내일 보자
내일 하자
내일은 괜찮겠지
그렇지만 아무도 내일을 만난 적 없지

내일은 영원히 내일일 뿐
내가 서 있는 발밑은 언제나 오늘
사기꾼 같은 내일에 기대
오늘을 놓치다

오늘의 행복을 저당 잡히고
내일을 건너다보다
오늘의 얼굴을 잊어버리고
그저 서운하게 오늘을 돌려세우고

어깨 너머 보이는 내일의 이마
그도 얼굴을 드러내면 오늘일 뿐
'오늘은 오늘의 일용할 양식만을 구하라'
그분께서도 그렇게 말씀하셨다

내일의 네 잎 클로버 찾다
오늘의 세 잎 클로버 뭉개는 일 없기를

신홍길동전

세계는 지금 현대판 흑사병 시대
인간의 오만은 스스로를 부끄리며
입을 가리고 몸을 숨긴다
신출귀몰하는 그 미물에 우왕좌왕
인간들은 몸을 낮추었다

우주선을 쏘아 올리며
첨단을 자랑하던 현대의 위상들이 납작 엎드리고
입을 막고 눈치를 보는 사이
눈에 보이지도 않는 미세한 그것은
전 세계를 제압하며 위세도 등등하다

'우한 폐렴'을 우한 폐렴이라 말도 못하고
따가운 눈총 속에서도 두문불출
'남에게 피해 주지 말자' 올곧은 정신으로
사람들은 자신에게 족쇄를 걸었다

문밖에는 봄이 지천으로 깔려 저희끼리 희희낙락
그들 본연의 모습으로 죄 없이 어여쁜데
작은 바이러스에도 맥을 못 추는 죄 많은 인간, 나는

짐짓 윗전인 양 피운 거드름이 부끄러워
입을 틀어막는다

모르는 일

어느 봄날
길 가다 건너다본 모텔 주차장
차들이 커튼으로 반쯤 얼굴을 가리고
남세스러운 듯 서 있다
주인은 낮잠이나 자러 대낮 모텔에 들었는가
자동차 혼자 저리 엉거주춤 자신을 가리고
대신 혼나고 있는 듯
번호판이 보일세라
바람이 들추는 애꿎은 소문과 씨름 중이다
출장이 길어진 어느 집 가장의 차
밝은 햇살 아래 진땀 흘리며

자신은 모르는 일이라고

두 시와 세 시 사이

붐비는 고요

땡볕만 점령군처럼 작열하는
아무도 없는 거리
너와 나의 격리가
난무하는,

가로수도 하얗게 그늘을 지우는

정신을 저당 잡힌 사람들
좀비처럼 흐느적거리며 걸어 다닌다
무슨 일이 일어나고 있는가

흐릿한 눈으로 기미를 느끼며
앞사람의 뒷모습만 보며
조용히 걸어가는 수인囚人들

땡볕 수용소 같은
여름 하오
두 시와 세 시 사이

길은 창을 가진다

이제야 유월이 내게로 온다
언제나 가슴에서 돌이 되어 피어나지 않던 계절
그 길로 가는 길목에 징으로 박혀
한사코 꽃이 되지 못한 슬픔을 따라가면
또랑또랑 어릴 적 개구리 소리
저녁 별로 뜨는 고향 무논이 있고
땡볕 속에 모를 내던
땀에 전 어머니 속적삼
찔레꽃 가시와 함께 피던
길이 있었지
딸의 길은 그 어미의 대물림이라던
그 말의 주술을 피하고 싶어
멀리 돌아온 길
언덕 하나 넘고 바라보니
그 길에 서 있는
엄마 모습을 한 내가 보인다
길들은 몇 개의 창을 달고 안개 속에 서 있고
풍경을 안은 창은
물감처럼 풀리고 있다
소나기 갠 뒤 무지개 걸리듯

슬픔의 뒤를 돌아가면
나를 낳은 유월은 또 어떤 풍경을 걸고
몇 개의 창을 내고 있을 것인가

착한 사마리아인처럼

그때, 길가 공중전화기가 그에게 말할 수 있는 양만큼의 숫자를 물고
수화기 벗겨져 서 있으면 목이 간질댔다
이런,
그에게 말 걸고 싶다
공중전화 부스 앞에 감전된 듯 서 있었지

이젠,
전화기가 항시상시 손에 들려 있는데 아무런 감흥이 없다
누군가에게 전화하고 싶어 배꼽 밑이 근질거리지도 않는다
화장을 짙게 한 여학생이 혼잣말하며 지나간다—머리에 꽃도 안 꽂고

찻잔을 앞에 두고 앉아 두 사람은 마주 보지 않는다
고개를 숙이고 손가락으로 먼 사람과 얘기하고
둘이서 혼자 열심히 논다

너른 광장 이편저편 촛불과 태극기가 서로의 악다구니

를 대신하고
우리들 뜨건 마음은 전자기계 안에 맡겨둔 채
군중 속에서 혼자 얘기하고
혼자 밥을 먹는다
굳이 신발을 찾아 신지 않아도 이웃을 만날 수 있는데
너는 어디에 있는가
나는 어디로 가고 있는가

거울

사람들은
매일 거울을 본다

자신을 잃지 않으려
누가 다른 이름으로 부를까 봐
흘깃흘깃 쇼윈도에 나타난 자신을 확인한다
나의 뇌 속엔 누가 있길래
거울 속의 그녀는 내가 아니라고 한다
거울 속에 다른 이가 있어
내가 처음 거울을 보던 그때부터 낯설었어
자신과 불화한 채 이렇게 먼 길을 왔는가
어느 파라다이스를 꿈꾸길래

거울은 저마다 조금씩 다른 모습을 보여주고 있어
어느 것이 참 나인지 나조차도 헷갈리는데
타인의 얼굴은 보면서 자신의 얼굴만 영원히 볼 수 없는
가엾은 고등동물
거울 속에 비친 얼굴이 자신이라 세뇌시키지만
어느 것도 나 자신이 아닌 것을

한평생 거울을 본 적 없는 겨울 숲
햇살 밝은 나이테 속으로
한 사람 걸어 들어가고 있어

바람의 집

칡넝쿨 처마 안까지 쳐들어와 텃세 호기로워 콱 깨문 자물쇠
힘 빠진, 버려진 마음
빈집, 아무도 품지 못한 빈 마음 같은 것

바람만 혼자 칭얼대다 햇살 한 섬 부려놓고
하현달 서창으로 비비다 갔을, 한때 애끓는 정으로 붐비던 자리

깨진 창으로 건너오는 초승달 같은 희망 하나쯤 품어 혼자 있어도 넉넉한 세월이었으면

내려오는 산길 등허리 서늘히 따라오는 바람 한 줌
발이 없이 떠도는 너도 비빌 온기가 필요한 게지

III

단풍

너와의 기억에서 덧셈과 뺄셈이 끝났는데

아직,

이만큼의 사랑이 남았다

네가 깃들었던 그 빈 곳에

곱절의 그리움이 붐비고

세상 어떤 것으로도 상쇄될 수 없는

네가 남았다

사막은 밤에 별빛으로 운다

한때 사막에 가서 며칠이라도 혼자 지내고 싶은 적이 있었다

한낮의 땡볕과 밤의 설한풍
두 계절이 교대로 불침번 서는 곳
매일 바람이 다른 지평을 열어 허공도 꽃이 되는

단순함이 주는 아름다움

하늘 한가운데를 가로질러 비스듬히 흐르던
은하의 강물
촛농처럼 별물 뚝뚝 떨구며
알프스 소녀의 눈망울이 햇빛에 반짝이는 강물처럼 글썽이던 곳

허공과 모래와 별빛만 태초의 그날처럼 유장한

침묵으로 말하는

수천 억 수정알이 밤새 귓가에서 종소리 내던 곳

신의 아름다움 한 자락 만지고
잠시 잠깐 별인가 여겨지던 그날 그 밤의 사막

얼굴 위로 별들이 무더기로 낭비되던
거기 어느 곳에다 나를 부리고 싶던

어딘가에 물이 있어 사막이 아름답다던
자신의 해골을 사막에다 버린 그 야간비행사*는
지금 그곳에서 물을 찾았는가

*생텍쥐페리

빅뱅

과육 탱탱하던 사과 이젠 냉장고 안에서도 쭈그러든다
시간이란 블랙홀 살아 있는 모든 것 물기 빨아들인다

중력의 법칙 순순히 따른 얼굴 하나 거울 속에 있다
거울 뒤편엔 세월도 비켜 가는 또 다른 얼굴 있어

늙지 않는 기차 소리 가슴 쿵쾅대듯
느닷없이 네 맘에 부딪혀 일어나는 빅뱅

눈부신 빛다발,

더러는,
부싯돌 사그라지듯 혼자 유성 되어 흘러갔지만
한참 언저리에서 깜빡이던 내 별 네 별

불면의 밤을 견딜 힘줄마저 삭은 동아줄인데
남몰래 신성을 키우는

영원을 사는 신의 영역에 한 발을 빠트린
시간과 공간을 뛰어넘어 일으키는

내 마음속 빅뱅

하현달

서남 창으로 보이는 하현의 곡선
나란한 뒷산 능선을 닮아 수굿하다
눈이 아프다
그믐으로 향해 가는 달의 왼쪽 등허리
해 질 녘까지 대지와 마주해 있던 반쯤 접혀진 어머니

풋풋한 사춘기
혼란스러운 스물의 고개를 건너는 팽팽한 긴장
툭, 퉁기면 손가락 베일 듯
바이올린 날 선 음 하늘 이쪽에서 저쪽까지 가로지르던 상현의 호기도
짱짱한 만월의 절정도
희미한
생의 막바지

아무도 눈여겨보아 주지 않는
흐릿한,
자꾸 서쪽으로 기우는 몸
고요하다
그 고요로 온 하늘이 장엄하다

꽃이 피었다

겨울을 끝낸 들판에
늦은 저녁을 들여앉히고

창 이쪽
꽃이 만발했다

우산 접듯 그렇게
탁,
접을 수 없어

너를 향한 마음 꼬리

사방으로 튀어 다니는
빗방울에 문대어본다

그렇다 해도
꽃은 피고
봄은 온다

겨울이 남긴 생채기로

약간의 꽃 몸살 뒤척이겠지

바람 불어
마음의 계절도 순환하고
어느 한편에서 또 꽃이 피겠지

백 년 동안 읽는 책

그대
나에게 이미 다 읽은 책처럼
책장에 꽂혀 손이 잘 가지 않는
규정된 내용으로 낡아가고 있는지
다시 읽을 때마다 놓친 숨은 의미 캐내듯
곁에 있는 그대에게서도
날마다 새로운 행간을 읽을 수 있으면

그댄, 어제보다 더 많은 바람 속에서 먼 길을 걸어왔고
오늘 몇 번이나 무릎이 꺾이듯 무너졌고
가슴 한구석 말랑한 순간이 슬쩍 그댈 물들였고

하늘에서 떨어지는 빗줄기도 땅에 발 디딜 때까지
몇 번이나 꺾여서 내려오듯
그대가 집 현관을 들어설 때까지
마음 모퉁이를 몇 번이나 돌았는지
그 행간을 읽어준다면
읽은 책 다시 읽듯 날마다 그댈 새롭게 만난다면

가령, 백 년 동안 그댈 읽는다 해도

내가 미처 깨닫지 못한 행간이 남아 있을 그대
사람아

어머니의 코헬렛

한때, 내 꿈속에서 자주 울고 있던 어린 여자애
고향 대청마루에 두고 온 내 어린 영혼 같아
나는 밤마다 업어주러 갔었지

어머니는 자고 일어나면 허무하다고 하셨다
손에 잡고 있던 어떤 귀한 것을 놓친 듯 애석하다고
손가락 사이로 속절없이 빠져나가는 모래알처럼
한 생이 허랑한 것인지

나도 뭔가 이생生에서 애석한 그 무엇이 있어
뭔가를 빼앗긴 듯 허망하게 울고 있는
내 어린 영혼이 있는 고향 빈집으로 찾아가
같이 울다 오는지 모르겠다

어느 여름, 당신이 허망하게 앉아 있던
그 대청마루에 당신 닮은 얼굴을 하고 앉아 묻는다
한 생에 건진 건 십자가의 그분
그것이 온 생을 가로질러 걸러진 금이었다는 어머니
이생 건너 그곳에선 지금 좀 재미지는지요

십 년 만에 피는 꽃

십 년 만에 피는 꽃을 본 적 있는가
십 년 만에 돌아온 사랑을 만난 적 있는가

십 년이 걸려서야 우리 집 수국꽃 피네
어느 절간 울타리에 있던 그 꽃 한 가지
꺾어다 심어놓은 수국 십 년이 지나서야
연분홍 얼굴을 보여 주네

그대 꺾어 가져간 한 십 년 묵힌 사랑도
어제인 듯 잎 내고 꽃 피웠는지
십 년 된 수국 얼굴이 저렇듯 새봄처럼 어여쁜 것을
그대 가슴에 꺾꽂이한 내 사랑도 그러할지
그러할지

썸 타다

가을,
삶은 밤 한 톨에 골몰하다

이런, 이렇게까지 자신을 방어하다니
가시 송이로 접근 불가를 내걸다가
어느 날 느닷없이
스스로 가시울타리 무장해제 무방비 상태
속내를 드러내고
이제 다 왔다 생각하는 당신에게
단단한 껍질 속에 마음을 감춘다

마침내 어렵게 열어젖힌 그 속내
달콤함을 생각할 때 다시 떫은맛 보여 주며
이래도 좋으냐고 마음을 재량하는
까다롭고 콧대 높던 그 여자

끈기 있는 진심 앞에
씨앗 갈무리하는 앙큼함마저 버리고
그제서야 다 무너져 내리는
속절없이 마지막까지 다 내어 주는

강한 듯 여린, 대책 없는 여자
그 여자

혼자 썸 타다
가을 햇살과 바람 앞에
다 쏟아놓는 알밤

오후 네 시

"때는 오후 네 시쯤이었다."*

안드레아 사도가
예수님을 만난 시간

어머니 자궁 같은 시간

개와 늑대의 시간이 당도하기 전
호수의 잔물결이 기슭으로 서로의 어깨를 비빌 때

영혼이 영원을 만나는 시간

오후 네 시
언제든 돌아갈 수 있어 뒤돌아봐지는
등허리 따뜻해지는
네가 있는 곳 같은,

와서 보니 좋아
일생을 저당 잡히고 싶어지는
조급하지도 이기적이지도 않은,

유순한 시간

때는 오후 네 시
시간이 공간을 만드는 시간

영원의 어깨를 만지는 시간

* 요한 1. 39

엄마의 화단

꽃을 좋아했던 그녀는 우물가 주변으로 꽃을 심었다 이웃집 순이 연이를 닮은 조금은 촌스러운 꽃들을 대문 앞까지 화단을 만들어 달리아 채송화 붓꽃 해당화 꽈리 작약 해바라기 난을 닮은 푸른 꽃 참새 혀 같은 샐비어 대문 가까이 칸나를 보초 세우고 우물가엔 청포도 덩굴을 올려 수세미꽃과 넝쿨 지며 여름 샘터를 시원하게 해줬다

꽃을 쳐다볼 겨를도 없이 일에 파묻혀 지낸 그녀의 시간들

꽃을 눈여겨보는 걸 본 적이 없어 그녀가 꽃을 좋아하는 줄 몰랐다

그녀가 드디어 아무 일도 못하고 자리에 누웠을 때

아픈 그녀가 원한 건 꽃이었다

의외의 소망에 조금 놀란 딸들은 그녀가 꽃을 좋아하는 줄 그제야 알았다

죽음이 당도할 때까지 안방 꽃병에 싱싱하게 살아있던 꽃들

할 일을 다 끝낸 생의 마지막 자신을 위해 원한 한 가지

그게 꽃이라니
이렇게 자신을 돌본 것이 죽음을 앞둔 몇 해라니

허리가 꺾어지도록 가꾼 그녀의 꽃들
눈 감고 갈 수 없이 아렸던 그녀의 딸들
그녀는 죽어서도 자신의 화단을 돌보고

밤에 쓰는 편지

오늘,

여기쯤 멈춰 서겠습니다.

당신으로 가는 다리가 타버려 끊길까 봐 여기쯤 서서 바라보기로 했습니다. 당신은 내가 냉정하고 까다롭다 여기시겠지만, 여기 멈춰 서는 건 내가 두렵기 때문입니다. 내 가슴의 불길이 모두를 태워 재가 될까 봐 싸늘한 당신의 등을 보게 될까 봐 여기쯤 서 있으려고 합니다. 모처럼 당신으로 향하는 길이 이토록 환할 때,

하여, 내 영혼이 가볍지 않기 때문입니다.
타 죽어도 다시 새살이 돋는
날갯죽지가 불에 타 날지 못하는 새 한 마리
내 가슴에 사는 불새 한 마리
나는 잠 못 들고 눈이 충혈되도록 깨어 있습니다.

오늘 여기쯤에서 되돌아가려 합니다.

밤에 쓴 편지는 밤의 정령에게 속하기에
아침의 햇살을 볼 수 없을지도 모릅니다.

처서 지난 즈음

가을을 기다리는 왜가리 목이
한 뼘 더 길어지는
계절의 언저리
매미 울음소리 한층 느슨해지고
고추잠자리 날개 힘줄이 선명해지는
처서 지난 즈음,
폭염에 지친 나뭇잎들
가을을 등에 업은 바람에 무거운 초록을 말린다
철갑을 두른 듯 질척거리던 초록이 조금 들려 올라간 사이로
이제 제법 멀리까지도 들리는
네가 건너오는 소리

사랑도 너무 깊으면 조금 가벼워지고 싶은가
마음의 물기 말리며 뒷걸음으로 물러나
문득, 바람 부는 들녘에 서 보는
인연의 버거움도, 관계의 질척임도
초록의 청동 외투 벗어 던지듯 잠시 놓아두고
호젓이 가을 속으로 들고 싶은
처서 지난 즈음

그때 꽃이 피었는가

통장의 잔고가 비어간다
너와의 기억 속에
꽃이 핀 적이 언제였던가

계절을 잘못 계산한 눈먼 꽃
두어 송이 산어귀에 피었다
작년 이맘때쯤 공들여 돌탑을 쌓던
마른 몸의 노파는 보이지 않는다
이번 생일까, 다음 생일까
그 간절한 몸 공양이 보답을 받았을까
돌꽃이라도 피워 채우고 싶은
누구와의 인연이 있었던 것이라고
돌보지 않는 돌탑이 무너지듯
너와의 통장엔 잔고가 별로 남지 않아
이렇게 오랫동안 멀리 있구나
우리들 통장에서 아름다운 것들이
다 빠져나가 이토록 오래
네가 보고 싶지 않다

행복의 얼굴은 왜

늘 과거형으로 존재하는지
그때, 그렇게 꽃이 핀 것을
알지 못했다

현대판 장자몽

바람도 곳집을 찾아 떠난, 꽃향기조차 바깥출입을 걸어 잠근
고요가 제집을 찾아드는 시간에도 사람들은 자기 집에 마음이 없어
여기저기 마음 거처할 집을 짓고 다닌다

젊어서 애먹인 할아범 잔소리 듣기 싫은 할멈
마을 회관에다 자신의 집을 짓고
공부에 찌든 아이들은 학원에 둥지를 틀고
집에 들어오면 마음 붙일 데 없는 가장은
퇴근하고 막창 소주병에 집을 짓다
늦게, 늦게
제정신이 아닌 채 집에 와 잠만 자고 간다

집이 있어도 외로운 사람들은
여기저기
이 사람 저 사람 맘에 집을 짓고 싶어 한다

거리에 나다니기 불편한 요즘
집을 짓다 짓다 이제는 동굴까지 파고 들어앉는다

각자의 동굴에서 사이버 집 짓고
얼굴 없는 사람들과 수화도 아닌 손 대화를 하다가
사이버몽에 빠져 비몽사몽
AI인지 자신인지

입을 틀어막고
외로 외로 간다
어디로 가고 있는지 아무도 알지 못한 채

소나무 빌런

햇빛이 노란 주단 깔아 논
소나무 군락지
생머리 소나무 파마해 주고 싶다

소나무 가지 위로
수만 마리 병아리 떼 삐악거린다

다른 색깔로
여러 모습으로 살아보라고 권하고 싶은데
가을이면 슬며시 그도 낙엽이 진다고
아무도 모르게 돌아서서 속웃음 웃을 듯

봄이면 이렇게 금싸라기 뿌리듯
송홧가루 날리며 바람도 맘껏 핀다고

그것도 변화라고

그 아래 앉은 내 머리 위로 노란 가루 뿌려대는
눈 깜짝할 새도 없이 변하는 요즘 세상에
한 생 초록으로 철갑 두른
소나무 빌런

IV

만추

노을을 업은 저녁 위로 가을이 뚝뚝 떨어진다
조금 묵직한 가을이 산 위에서 마을로 내려온다
마음이 덩달아 아래로 내려간다
배를 지나 발등까지 푹푹 빠진다

침묵의 봉쇄 수도자처럼
두건을 길게 늘어뜨리고
속눈썹을 빠뜨리며
기차가 지나는 마을을 지나
깊은 산속으로
들어간다

그리움이 마른 풍경

누군가 그리운 사람이 있다는 것은
그것 하나만으로도 복 받은 일이란 것을
이만큼 와서 알겠다
이룰 수 없는 사랑을 돌려세우고
죽을 것 같은 그리움 주체할 수 없어
가슴 삭막해지는 날을 기다리고 기다렸다
강산이 돌고 도는 동안 마음 풍경도 바뀌어
이제 그날이 왔는데
그리움마저 없어진 그 자리엔
그도 없고 나도 없구나
그리움이라는 길들일 수 없는 짐승*과 살 땐
그것이 살아갈 수 있는 힘이 되어 준 것임을 몰랐다
누구도 그리운 것이 없는 가슴으로 살아가는
이 적막보다 훨씬 살아갈 힘을 주는 것임을
지금에야 알겠는데
마른 고추 같은 나날들 속에
물기를 주는 그 그리움이 그리운 것을
가슴이 숯덩이가 된대도

그리움이 마른 자리

부스스 일어서는 일상
먼지 뽀얀

*시인 조정인의 시에서 차용

늙지 않는 기차 소리

기차가 지나간다
가슴이 쿵쾅거린다
나이 들어서도
그의 발소리
싱싱하다
낡은 가슴 쿵쾅대게 하는 게
남편보다 낫다 생각하다
웃음이 난다
마법의
늙지 않는 심장을 가진 기차
지나간다
휙,
청춘

죽은 시詩들의 세상

문門 열지 않는 바위 앞에서
울고 있다
문고리 걸어 잠근 그 앞에
주문이라도 외우고 싶다
사는 일에 골몰해 심장이 뜨거워도 모른 채
가슴이 붉게 노을 져도
쓱쓱 문질러 버린 것이 죄가 되어
오늘 문門 닫힌 바위 앞에서
목 놓아 울고 있다

시 한 편 태어나기 이리 힘든데
서점의 시집 코너는 자꾸 뒷걸음치고
시를 읽는 사람보다 시 쓰는 이들이 더 많아
시집이 무더기로 폐기 처분된다는데
죽은 시인의 세상이 아니라
태어나자마자 사산되는 죽은 시들의 사회
자기 계발서, 성공의 지름길에 밀려
시인들도 읽지 않는 시집들
나무로 다시 태어나지도 못하는 그것들은
모두 어디로 갔을까

푸른 신호등

푸른 신호등 20초 빠른 걸음으로 쫴쳐 간다
점멸등이 깜빡이며 시간을 줄여 간다
잠깐 주어진 유예
인생도 신호등 건너듯 잠깐 새 지나가는 것
한눈파는 사이 신호는 바뀌고
빨간불에 걸려 어영부영 한 생이 가버리는 것
'우물쭈물하다 그리 될 줄 알았다'고 한
어느 철학자의 묘비에 새겨진 말이 아니더라도
인간사 길어 100년이라 해 본들
신호등 건너는 그 찰나인 것을
천 년도 한순간 지나간 어제 같다는
신의 그 무한대 안에서 인간의 삶이란

우주 안에서 본 지구는 은하계 안에 손톱만 한 크기
달이 껌딱지처럼 그 곁에 붙어 있었다
망망 무한의 우주 속에 흔적도 희미한 하나의 점으로 떠도는
외로운 별인 것을
지구는 아직 푸른 신호등

겨울나무

하현달이 텅 빈 길 위로 미끄러지는 밤
아르고스 눈인 양
가지마다 별빛을 매달고 보초 서 있는
겨울나무

물길 발끝 멀리 숨어버린
수액 돌지 않는 물관
헛손질 두레박
날마다 불이 되고 싶어
몸이 떨리는 나무

새살이 돋기로서니
몇 번이나 디 까무러쳐야 하는가

문풍지 밤새 뒤척이는
선잠 든 머리맡
저벅저벅 걸어와
몸을 눕히는 나무야

바람의 넋

나는 아마 한때 바람이었으리
만남의 정수리에서부터 이별을 준비하는 바람
한곳에 서서
누군가를 평생 기다릴 줄 아는 나무의 큰 품을 시샘하는
그러고도 나무가 되고 싶어 밤낮으로 그 가지를 짓찧는
바람이었으리

너를 위한 꽃 한 송이 피울 수 없어
집착의 넝쿨로 칭칭 두르고
나무의 뿌리를 흔들어대는 한여름 광풍으로 미치는
바람

사랑한다는 말보다 앞질러 예감하는 이별에
몸이 떨리는, 태초부터 발을 잃은 바람의 혼
너를 향한 마음이 순간마다 찢기는
눈먼 바람의 넋이었으리

11월의 나무

바람에게 부친 숱한 말들
버리고 섰다

경계에서 느끼는 불안과 설렘
약간의 거리

집을 두고도 집을 찾아 떠도는 낙엽처럼
두 갈래 길에서 방향을 정하지 못한 채
서성이는

외로운 사람끼리 함께였으나
마음은 낱낱으로 스산하다

되돌아갈 수 없는 다리를 건너

황량한 달의 마음
집을 짓지 못한 사람들처럼
맨 몸인 채 겨울을 향해 섰다

냉장고는 억울하다

냉장고는 늘 화가 나 있다
사랑한다는 말을 할 줄 모르는
표현이 서툰 무뚝뚝한 사람처럼

―재는 원래 혼자 심각해

그가 화를 풀면 세상의 뿌리 잃은 것들이
부패의 음모에 휩싸이고
사람들은 안절부절

―평소 하던 대로 해
―넌 화난 게 어울려, 라고
―외치는 소리 필요하거든
상냥해지려는 그를 두려워한다

세상의 모든 화를 혼자 다 내고 있는
그도 화를 풀고 싶을 것이다
그래서 가끔 쥐었던 주먹을 풀고 운다

―나 혼자 악역을 맡으라니

—나도 화해하고 싶어

수런거리는 세상은 불안하게 냄새를 풍긴다
끄응, 그는
신음하며 다시 냉정을 되찾는다
그리고 안팎은 조용해진다

'청라언덕과 같은 내 맘에'

'동무 생각'이라는 우리나라 최초의 가곡이 탄생한 곳
대구시 동산동의 고즈넉한 골목 계단을 오르면
담쟁이덩굴이 자라고
근대 선교사들의 고택과 푸른 정원이 있는 청라언덕이 있다

옛님들의 애틋한 마음을 노래한 그곳엔
최초의 서양 사과나무와 구부러진 노거수가 하늘을 높이 받쳐 들고
이웃에 있는 대구의 성지 성모당과 신학교와 수녀원 있는 남산동의 또 다른 언덕과
대구 문화유산으로 지정된 고딕 건물 계산성당
천주교인들이 순교한 관덕정, 경상감영공원
일제 강압 시대 "빼앗긴 들에도 봄은 오는가"라고 외친
이상화 시인의 고택 등을 바람에 부쳐 소개하고 있는 듯

이은상 작시 박태준 작곡의 가곡 '동무 생각'의 노래비가 세워진 정원에 서면
갈래머리 소녀 시절 풍금에 맞춰 부르던
그 노래가 아련한 추억과 함께 입가에 맴돈다

가고 없는 옛님들의 푸른 맘과 함께
지난 청춘의 애틋함이 담쟁이덩굴처럼 피어 올라가는 청라언덕에서
내 고운 연두 같은 그 시절
그 동무들을 생각한다

'청라언덕과 같은 내 맘에
백합 같은 내 동무야'

이월에는

이월에는 조용히 해야 해요
나무도 속으로만 푸르고
가만가만 웃음을 삼켜요

겨울 한쪽 어깨에
살짝 얹혀 찾아오는 봄
양지바른 언덕 아래 살풋 앉아 있는 그를
아직 못 본 척해요

금싸라기 같은 햇살 속
눈부신 한 조각의 봄을
아직 얘기 말아요

겨울 한쪽 망토 자락이
봄 불에 타고 있는 걸 눈치 못 채게
쉿,
이월엔 모두 조용히 하세요

방문을 조금 열고

월아천

그 사막 언저리
어느 사내의 은밀한 사랑인가
모래 언덕 아래
누구도 모르게 숨겨둔
아름다운 눈매의 차도르 여인

아름다움은 스스로가 소문인 걸
둔황의 그 남잔 몰랐던 게지
거친 사막 그 땅에서
반달처럼 꽃 핀 그녀
수만 리 밖으로 번지는
바람이 한몫 거든 입소문

어찌 사랑
숨길 수 있나

정처

정붙여 살던 곳 떠나
주민등록지를 바다의 파도에 맡겨보자
해안 마을을 돌다
바다의 노을을 걸치고 저녁을 먹었다
어디고 맘 붙일 자리 녹록지 않았던 하루
해물 매운탕 속에 칼칼하던 그날
노을이 비낀 바다를 볼 새도 없이
우린 허겁지겁 밥을 먹었다
그렇게 밥만 먹었다

가을

가을엔 죽음도 빛나 보인다

인생의 반은 자기를 모르고
그 반은 자신을 알기에 골몰하고
이제 마른 위에 앉은 가을

삶의 아침처럼 낯이 익은
생의 일몰

시간의 접싯불이 깜박일 때
너를 위해
작은 불빛 하나 켜 두고 가고 싶다

가을엔
산다는 것이 죽음처럼 신비하다

슬도瑟島*의 바람

슬도瑟島에선 바람이 주인이다
거기 가면 누구든 그에게 머리채 잡힌다
우직한 짐승처럼 엎드려 있는 바다마저
왜 불렀어? 묻듯 끌려 나왔다 들어갔다
가슴에 숭숭 구멍 뚫린 여자, 돌들만 비파를 탄다네

*방어진에 있는 바위섬

바위에 새긴 시

—반구대 암각화

돌을 갈아 생을 잣던 시절에도

예술혼 지핀 예인이 있어

흐르는 물, 모래 위에다 새기고 새기다

방굿돌* 위에 혼불로 쓴 상형 시

오늘, 저장한다 그 선인의 마음

* '바윗돌'의 경상도 방언

해설

겸허한 사유에서 영성으로

이 태 수 〈시인〉

해설

겸허한 사유에서 영성으로

이 태 수 <시인>

ⅰ) 전태련은 유려한 감성적 언어와 조신하고 겸허한 사유思惟로 더 나은 삶을 한결같이 꿈꾸고 지향하는 시인이다. 더불어 살아가는 세상살이의 온전한 인간관계와 그 이상적인 모습을 추구하면서 사람과 사람 사이에는 띄어쓰기와 절제, 배려와 여지餘地가 주요 덕목이며 염치廉恥와 지혜가 따라야 한다고 일깨우기도 한다.

자기성찰과 자성自省으로 귀결되는 그의 시편들은 다채로운 빛깔과 무늬들을 거느리고 있지만, 삶의 파토스와 정신적인 목마름, 세월이 안겨주는 무상감無常感을 뛰어넘으려는 완곡한 길 트기에 주어지며, 궁극적으로는 자연에 따르고 하늘의 섭리攝理에 순응하는 깨달음과 믿음을 가치관의 중심과 가장 높은 곳에 두면서 영성靈性으로 나아가는 도정을 보여준다.

ⅱ) 시인은 이웃 사람에 대해 각별하게 열린 마음을 가지고 있는 것 같다. 세월이 갈수록 “너와 나의 경계 너머”의 “사람의 가슴엔 흐르기를 원하는 / 깊고 큰 강이 있음”(「인인隣人」)을 체감하며, 이웃 사람들과의 관계에는 “물결 되어 넘쳐나는 무늬들”이 있고, “마음이 저희끼리 범람”(같은 시)하는 것을 느껴서 알기 때문이다.

하지만 이 같은 너와 나(이웃 사람) 사이에는, 평생 해도 어렵지만, ‘적당한 거리’와 ‘여지’가 필요하다고 일깨운다. 이 일깨움에는 “너무 떨어져 있으면 소원하고 / 붙어 있으면 부담이 되”(「띄어쓰기」)며, “어떤 것이든 / 누군가에게든 // 조금 남겨둬야 한다”(「여지」)는 ‘여지’와 ‘띄어쓰기’의 지혜가 자리매김해 있다.

그러니까 그게
적당한 거리에서 너를 보면
그 간격 사이 지울 수 없는 의미 돋아나고
어쩌면 향기조차 품을 수 있다고
그러니, 그 거리라는 걸 한번 잘 재어 보자고
너와 나 사이

있을 곳에 함께 있고

적당한 간격으로 서 있는 그런,
맞춤법에 맞는 띄어쓰기 한번 잘해 보자고
그 거리에서 세상에 둘도 없을 꽃 피워
붉게 익어 저절로 열어젖힌 석류알 같은 마음도 익혀 보자고
<중략>

평생 해도 어긋나는 그것
사람 사이 띄어쓰기

—「띄어쓰기」 부분

시인은 이 시에서 문법文法에서의 어긋나지 않는 띄어쓰기를 끌어들여 어긋나지 않는 사람 사이의 거리 두기의 어려움과 '그 간격 사이 지울 수 없는 의미'와 '향기'라는 덕목을 되새겨보게 한다. 또한 있을 곳에 함께 있어야 그 같은 사람과 사람 사이에 "세상에 둘도 없을 꽃"을 피우고, 서로의 마음이 석류알같이 저절로 붉게 익는다는 사실도 환기喚起한다.

시 「여지」에서 사랑이라도 "넘치면 그 마음에 닿을 돌다리를 휩쓸고 가는 것을, 사람 사이엔 수위 조절이 필요하단 것을 오늘 불어난 냇가에 앉아 배웁니다"라고 밝히고 있다. 인간관계에 넘치면 재앙을 불러오듯이 사랑도 마찬가지라는 메시지다. '여지'와 '여유'에 대해서는 '그냥'이라는 말의 상징적 의미를 떠올려 보이는 「그냥」이라는 시에 더욱 구체적으로 제시돼 있다.

'그냥…'
전화했다 말하면 화를 내던 사람이 있었다

노을 같은 마음이 '그냥' 속에
들어 있는 줄도 모르는
다른 별에서 온 사람이 있었지
'그냥' 안에 갇혀있던 그 많은 망설임이
수십 번 애끓던 그리움이
속절없이 뭉개지던 그때

노란 불빛 지키던 안개꽃 한숨이
무지갯빛으로 떴다 진 별이
'그냥' 안에 피고 진 줄도 모르는
보고 싶단 말보다 더 붉은 꽃을 피우는
'그냥'이
있음을 알지 못하는

먼 그대

—「그냥」 전문

'여지'는 말하지 않는 말들을 잉태孕胎하고 있는 공간과도 같다. 가장 가깝고 싶은 사람(그대)을 향한 시인의 말 '그냥'은 다의성多義性을 지닌, 말하지 않는 말의 공간(여지)이다. 그 공간에는 "노을 같은 마음", "많은 망설임", "수십 번 애끓던 그리움"과 "보고 싶단 말보다 더 붉은 꽃을 피우는" 말이 자리 잡고 있다.

하지만 그 말들을 전화 통화 때 차마 직설적으로 하지 못하고 에둘러 "그냥…"이라고 했을 때 그 '여지'를 알아채지 못하고 화를 내는 사람(그대)이 "다른 별에서 온 사람"같이 멀게 느껴지고, 그 '여지'가 "속절없이 뭉개"질 수밖에 없었다. "노란 불빛 지키던 안개꽃 한숨"과 "무지갯빛으로 떴다 진 별"은 하고 싶은 말을 하지 않았지만 애틋하게 그리운 마음과 망설임의 은유隱喩임은 말할 나위가 없다.

이 시집의 표제작인 「그리고 거기, 모퉁이를 걸어놓고」는 앞의 시들과는 달리 '그대'(가장 가깝고 싶은 사람)를 향해서는 완곡한 표현을 거쳐 마지막에 이르러서는 '하나가 되고 싶은' 심경을 가감 없이 드러내 보인다. "뜬금없이 오지 말고 / 오려거든 이인칭으로 오시라"고 하다가도 "일인칭으로 오시라"고 비약하는 염원念願을 간절하게 그려 보인다.

어린 왕자의 여우처럼 조금씩 다가온다면
거기, 길이 꺾인 골목 그 너머 내가 서 있으리니
모퉁이를 도는 마음까지 그대가 가닿을 수 있다면
그곳에서 일인칭으로 기다리는 나를 만나게 될 거라는
투명한 햇빛 그물 감치는
싱싱한 잎맥으로 살아나는 푸른 날들이 있는 곳으로
우리의 씨줄과 날줄을 짜 올릴 거라는

그러니, 오시라

나와 너로 만나는 그 자리까지
그대가 올 수 있다면
일인칭으로 오시라

—「그리고 거기, 모퉁이를 걸어놓고」 부분

시인은 우리 삶과 관계를 돌아보게 일깨웠던 존재인 생떽쥐페리Antoine Marie Jean-Baptiste Roger de Saint-Exupéry의 「어린 왕자」에 등장하는 '여우'처럼 '그대'가 조금씩 다가온다면 자신은 길이 꺾인 골목 그 너머에 일인칭(나)으로 서 있겠다고 한다. 그대가 그 모퉁이를 도는 마음까지의 여유를 가져준다면 거기서 만나서 "푸른 날들이 있는 곳으로 / 우리의 씨줄과 날줄을 짜 올릴 거라는" 소망으로 '나'(일인칭)와 '너'(이인칭)로 만나 '너'가 '나'와 하나(일인칭)가 되고 싶은 마음을 "일인칭으로 오시라"고 터놓기에 이른다. 그야말로 간절한 기다림이다.

이 시에서는 「어린 왕자」의 '여우'와 자신의 '그대'를 겹쳐보기도 한다. 시인이 궁극적으로 시사示唆하는 건 오랜 시간 사랑을 주고 관계를 맺으면 그 존재는 세상에서 유일한 것이 되고, 보이지는 않지만 가장 소중한 것으로 승화된다는 메시지를 끌어안고 있다. 그런 의미에서 「그리고 거기, 모퉁이를 걸어놓고」는 '적당한 거리', '여지', '띄어쓰기'라는 덕목을 포용하면서도 가장 소중한 사랑을 소망하는 최상의 인간관계를 시사한다고 할 수 있다.

iii) 시인은 일련의 시를 통해 일상생활에서 주어진 환경에 적응하고 역경을 이겨내려는 방법 찾기로서의 지혜와 절제의 미덕을 보여준다. 하루하루의 삶은 애써 찾아봐도 흔한 세 잎 클로버들만 보이듯이 행운과는 거리가 멀 때가 적잖으며, 제목을 달 만큼 의미를 부여할 수 있게 하지 못하는 날들도 다반사茶飯事이게 마련이다. 그러나 주어진 여건에 따르려는 순응의 마음가짐만은 완곡하게 견지한다.

"하루를 살아도 제목 없이 저물 때가 많"아 "어제와 같은 지금 / 그리고 내일이 있을 뿐 / 하루로 쓸 제목은 마땅찮아 / 별 제목 없이 지내는 일상이 복된 것"(「제목 없이」)으로 낮게 마음을 가져가는가 하면, "마지막으로 다는 제목은 이름 석 자/한 생 잘 썼다고 누워 있는 것 / 알고 보면 네 잎 클로버 같은 세 잎 클로버지"(같은 시)라는 비애에서 벗어나지 못하면서도 막판에는 네 잎 클로버를 꿈꾸는 반전反轉에 미련을 실어놓는다. 자연은 그런 지혜를 느끼게 하는 반면교사反面教師가 돼 주기 때문으로 보인다.

역경은
나무도 낮은 포복으로 자라게 한다

너무 높이 올랐나?
황매산 정상 부근
바위 틈새로 뿌리를 내리고
옆으로 비스듬히 누워 자라는 소나무

하늘이 좀 더 가까이 내려와 있는 곳
차마 쳐다볼 수 없어
엎드려 자란다
올라오다 보니 여기까지 온 것을
너무 높이 오른 걸 몰랐다

상처를 덜 받으려 고개를 숙이고
머리를 가슴에 바짝 붙여
자신의 내면을 찬찬히 들여다보며 가다 보면
어떤 끝 간 데까지 간 자만이 맛보는
그런 평화가 온다는 걸
나무도 아는 걸까
뿌리를 걱정하며 낮은 포복으로
숨죽여 살아간다

더 이상 엎드릴 데가 없다

—「끝 간 데 서다」 전문

황매산 정상 부근의 바위 틈새에 뿌리내리고 있는 소나무를 바라보면서 역경逆境 속에서 낮은 포복으로 숨죽여 살아간다는 사실에 천착하는 이 시에서 기실은 그 소나무에 빗대어 절제의 미덕이 얼마나 중요하며, 어쩔 수 없이 주어져 버린 환경에서 살아갈 수밖에 없는 처지의 지혜와 겸허한 자세에 대해서도 일깨운다.

시인은 그 소나무가 너무 높은 곳에 올라 가까이 내려온 하늘을 차마 쳐다볼 수 없어 엎드려 자라며, 그렇게 되기까지 절제를 잘 모르고 있었지만, 그나마 상처를 덜 받으려 머리를 숙이고 머리를 가슴에 바짝 붙여 자신의 내면內面을 찬찬히 들여다보며 끝 간 데까지 간 자만이 맛보는 그런 평화(사실은 '위기'를 말하는 것 같다)가 온다는 걸 아는지 물으면서 더 이상 엎드릴 데가 없다고도 한다. 빛깔은 다르지만 「능소화 유감」도 무절제의 사랑에 대한 경고의 메시지를 담고 있는 시다.

사랑,
그에겐 눈이 없다 하여
막무가내로
아무데나 싹을 틔워 저 혼자 잎 내고 꽃 피우다
가슴앓이는 내게 맡겨두고
어디로 쏘다니는지

그가 불질러 놓은 사달 뒤치다꺼리
반평생 보내고
긴 여운 몸살 추스르기도 전에
다시 새로운 자리 트는
염치없는 그것
늙지도 철들지도 않는

무엇에도 방해받지 않던
내 밤을 훔쳐 잠 못 들게 하는
대책도 대안도 없는

뿌리째 건너갈 수도 없으면서
낭창낭창,
능소화 담장을 넘는다

—「능소화 유감」 전문

아무 담장이나 거침없이 넘나드는 능소화에 빗대어 뿌리째 담장을 건너갈 수도 없는 한 남자의 무절제한 사랑 행각과 그로 인한 한 여자의 대책도 대안도 없는 반평생의 가슴앓이와 불면不眠, 저지른 사달들의 뒤치다꺼리, 그 긴 여운 몸살 추스르기도 전에 다시 반복되는 "늙지도 철들지도 않는" 몰염치를 희화적戱畵的으로 그리고 있다. 사랑에는 염치와 절제, 상대에 대한 깊은 배려가 따라야 한다는 사실을 새기게 하는 것으로 읽힌다.

그런가 하면, 시인은 살아남기 위한 생존의 방법에 대해서도 지혜의 눈을 뜬다. 「마사이마라 아까시나무」는 마사이마라 사막의 가시를 달고 있는 나무가 건기乾期에 목마름을 견디려고 가시에 물을 저장한다는 사실에 착안着眼한다.

아까시나무에서 시선을 가까이 마주치는 사람들에게로 눈을 돌리면서는 "이웃집 그도 내 곁의 그녀도 자신의 약함 때문에 / 살기 위해 가시를 달고 있는 것인지도 모른다"는 생각에 이르고, 더 나아가 "세상엔 내가 미처 알 수 없는 / 그만의 마사이마라 아까시나무 한 그루쯤 / 누구나 키우고 있다"는 데로 보편적인 생존 방식으로 시선을 가져가기도 한다.

아가는 생애 첨으로 자신의 그림자와 맞닥뜨렸다

<중략>

이리저리 달아나도 앉았다 일어섰다 돌아서 봐도 여전히 붙어 있는 그것
이건 정말 생애 처음 붙잡힌 집착의 공포일 터
평면적인 그게 말이지

<중략>

샴쌍둥이 같은 자신의 어두운 자아
밝은 데서도 어둠을 동반하는 목숨인 걸 알아채는 그때는
생의 비애를 조금 눈치 챈 슬픈 순간일 거야

사람은 혼자 있을 때 대체로 납작해
그게 리얼리티일 거야
그를 버리지 마, 그는 잘나지도 못나지도 않은
지구상에서 가장 평등한
너와 나의 리얼리티야

—「그림자」 부분

시인은 사람과 사람 사이가 아니라 사람과 늘 멀리할 수 없이 밀접한 관계에 놓이는 그림자와의 사이에 대해서도 깊은 관심을 보인다. 그 관계를 우리의 삶에서 떼려야 뗄 수 없는 리얼리티reality라는 보편적인 차원으로 이끌어가기도 한다.

'그림자'의 사전적 의미는 '물체가 빛을 가리어 물체 뒤에 나타나는 검은 형상', '근심이나 불행으로 어두워진 마음, 또는 그 마음이 드러난 표정', '어떤 대상과 늘 붙어 다니거나 분리되기 힘든 것을 비유적으로 이르는 말' 등이다. 하지만 시인은 '그림자'를 '생애 처음 붙잡힌 집착의 공포', '샴쌍둥이 같은 자신의 어두운 자아自我', '지구상에서 가장 평등한 너와 나의 리얼리티'라고 규정한다.

그림자는 인간이 태어나면서부터 붙잡힌 '집착의 공포'이기도 하고, 자신의 어두운 자아로 샴쌍둥이 같은 존재이며, 이 세상의 누구나 공유하게 되는 리얼리티라는 것이다. 이 같은 관점은 납작한 모습의 그림자의 형상을 거느리고 살 수밖에 없다는 숙명宿命을 비켜설 수는 없다는 순응과 관용적慣用的 시각이라 할 수 있을 것이다.

ⅳ) 염치는 시인이 소중하게 받드는 덕목 중의 하나이며, 상대적으로 그렇지 않거나 본래의 길을 잃고 떠도는 사람들의 덧없는 삶에 대해서는 비판해 마지않게 마련이다. 이 때문에 시인에게는 겸허한 자기성찰과 깨어 있으려는 의지가 이를 일깨우고 받쳐주는 지렛대와도 같은 역할을 하며, 궁극적으로는 그 초월을 향한 영성에의 길 트기로 나아가게 한다.

「모르는 일」에서 대낮의 모텔 주차장에 자동차들이 반쯤(번호판 등) 가리고 "남세스러운 듯 서 있"는 모습을 바라보면서는 어느 집 가장의 자동차가 차주 대신 혼나고 있는 듯 자신은 모르는 일이라고 "애꿎은 소문과 씨름 중"이라고 그리며, 「삶, 유월이어라」에서는 "남의 둥지에 탁란하고 / 남의 손에 키운 제 새끼 부르는 / 염치를 모르는 어미 뻐꾸기 소리 / 너무 죄 없이 맑아 / 어질병 난다"고도 한다.

한편 「두 시와 세 시 사이」는 단절의 시절이었던 코로나 바이러스 창궐 때 "정신을 저당 잡힌 사람들 / 좀비처럼 흐느적거리며 걸어 다닌다"며, 그런 사람들을 "조용히 걸어가는 수인囚人들"이라고 묘사한다. 「현대판 장자몽」도 현대인들의 삶을 "집이 있어도 외로운 사람들은 / 여기저기 / 이 사람 저 사람 맘에 집을 짓고 싶어 한다"면서, 꿈과 현실을 넘나들며 어디로 가는지도 모르고 가는 허망한 모습을 비판적인 시각으로 떠올리고 있다.

> 거리에 나다니기 불편한 요즘
> 집을 짓다 짓다 이제는 동굴까지 파고 들어앉는다
> 각자의 동굴에서 사이버 집 짓고
> 얼굴 없는 사람들과 수화도 아닌 손 대화를 하다가
> 사이버몽에 빠져 비몽사몽
> AI인지 자신인지
>
> 입을 틀어막고
> 외로 외로 간다
> 어디로 가고 있는지 아무도 알지 못한 채
>
> —「현대판 장자몽」 부분

이 시는 현대인들이 사이버 세계에 빠져드는 양상을 동굴까지 파고 들어앉아 비몽사몽非夢似夢과도 같은 사이버몽에 빠져 자신인지 AI인지 모를 지경에 이르며, 어디로 가고 있는지도 모르고 "외로 외로 간다"고 부정적인 시각으로 바라보면서 이를 '현대판 장자몽莊子夢'이라고 격조 높은 장자몽마저 비하해 놓는다.

하지만 이같이 외부로 향했던 시선을 시인 자신에게로 돌리는 자기성찰로 귀결되는 시선을 저버리지 않는다는 점에 각별히 주목할 필요가 있다. "작은 바이러스에도 맥을 못 추는 죄 많은 인간, 나는 / 짐짓 윗전인 양 피운 거드름이 부끄러워 / 입을 틀어막는다"(「신홍길동전」)든가

> 우리들 뜨건 마음은 전자기계 안에 맡겨둔 채
> 군중 속에서 혼자 얘기하고
> 혼자 밥을 먹는다
> 굳이 신발을 찾아 신지 않아도 이웃을 만날 수 있는데
> 너는 어디에 있는가
> 나는 어디로 가고 있는가
>
> —「착한 사마리아인처럼」 부분

라는 대목에서와 같이 기계문명이 고도로 발달한 디지털 시대를 살아가는 비정하고 단절된 사람들의 모습을 떠올리며 "너는 어디에 있는가 / 나는 어디로 가고 있는가"라고 강한 어조로 물으면서 성서에 나오는 착한 사마리아인처럼 살겠다

는 마음자리를 암시해 보이는 대목은 주목해야 한다. 이 같은 자성은 「거울」에서는 보다 근원적인 물음까지 대동한다.

거울 속에 다른 이가 있어
내가 처음 거울을 보던 그때부터 낯설었어
자신과 불화한 채 이렇게 먼 길을 왔는가
어느 파라다이스를 꿈꾸길래

거울은 저마다 조금씩 다른 모습을 보여주고 있어
어느 것이 참 나인지 나조차도 헷갈리는데
타인의 얼굴은 보면서 자신의 얼굴만 영원히 볼 수 없는
가엾은 고등동물
거울 속에 비친 얼굴이 자신이라 세뇌시키지만
어느 것도 나 자신이 아닌 것을

―「거울」 부분

거울 속에 비친 자신의 모습이 자신의 참모습이 아니라 다른 사람 같을뿐더러 처음 볼 때부터 낯설었으며, 그 불화가 지속돼 왔다는 건 자기 모멸侮蔑과 참회懺悔와 다르지 않다. 더구나 "거울은 저마다 조금씩 다른 모습을 보여주고 있"다는 것은 자신의 모습이 시시각각 달라지기도 했다는 말이며, 이 때문에 자신을 "자신의 얼굴만 영원히 볼 수 없는 / 가엾은 고등동물"이라는 자괴감과 자책自責을 불러오기까지 한다.

그러나 시인은 그런 자괴감에 함몰되지 않고 자책에서 초극하려는 의지를 보여준다. "타 죽어도 다시 새살이 돋는 / 날갯죽지가 불에 타 날지 못하는 새 한 마리 / 내 가슴에 사는 불새 한 마리 / 나는 잠 못 들고 눈이 충혈되도록 깨어 있습니다."(「밤에 쓰는 편지」)라고 노래하고 있기 때문이다.

가톨릭 신자인 그에게 이 의지는 "영원을 사는 신의 영역에 한 발을 빠트린 / 시간과 공간을 뛰어넘어 일으키는 // 내 마음속 빅뱅"(「빅뱅」)이라는 우주의 대폭발과도 같은 마음속의 체험이 추동推動을 했을는지 모른다. 「오후 네 시」는 시인의 가톨릭 신앙의 공간을 열어 보여 그 빅뱅의 순간이 얼마나 유효했는지를 방증傍證하는 것으로 읽히기 때문이다.

'때는 오후 네 시쯤이었다'라는 요한복음의 한 구절을 인용하면서 시작되는 「오후 네 시」는 안드레아 사도가 예수를 만났던 시간에 초점을 맞춰 그 시간이 "어머니 자궁 같은 시간"이며 "영혼이 영원을 만나는 시간"이라고 노래한다. 정신을 저당 잡힌 사람들이 좀비나 수인들처럼 흐느적거리며 걸어 다니는 '두 시와 세 시 사이'와는 사뭇 대조적으로 오후 네 시는 등허리 따뜻해지는 사랑하는 이가 있는 곳 같고, 언제든 돌아갈 수 있어 뒤돌아봐지며, 일생을 저당 잡히고 싶어질 뿐 아니라 영혼이 영원을 만나게 하는 공간을 만들어 준다는 영성과 그 믿음을 드러내 보이고 있다.

v) 전태련의 시에는 '어머니'와 '강'이 적잖이 등장한다. 어머니와 강은 일상日常을 살아가는 시인의 사유와 정신에 깊이 뿌리내리고 있기 때문일까. 그의 일련의 시에서의 어머니와 강이 삶을 조신하게 성찰하게 해 여러 가지 빛깔과 무늬로 변주變奏하게 하는 것 같다.

갖가지 꽃들을 가꾼 어머니가 꽃을 쳐다볼 겨를도 없이 일에 파묻혀 눈여겨보는 걸 본 적이 없기 때문에 좋아하는 줄도 몰랐으나 몸져누웠을 때 알았다고 애틋하게 그린 「엄마의 화단」은 어머니의 꽃에 얽힌 소망을 곡진하게 부각시킨다. 그 어머니는 죽음이 당도할 때까지 안방 꽃병에 꽃들을 키울 정도로 좋아했을 뿐 아니라 마지막으로 원하던 것도 꽃이었고, 딸들 역시 그에 못잖았으므로 무심했던 딸로서는 그럴 수밖에 없을 것이다.

> 허리가 꺾어지도록 가꾼 그녀의 꽃들
> 눈 감고 갈 수 없이 아렸던 그녀의 딸들
> 그녀는 죽어서도 자신의 화단을 돌보고
>
> —「엄마의 화단」 부분

오죽하면 인용한 대목에서 읽게 되듯, 시인은 어머니가 죽어서도 자신의 화단을 돌보고 눈 감고 갈 수 없이 아릴 것이라고 하겠는가. 더구나 평소 어머니는 딸들도, 꽃들도 허리가 꺾어지도록 가꾸고 키우지 않았던가. 게다가 자기희생으로 일관했던 어머니인데도 같은 길의 대물림이라는 그 '주술呪術'을 피하고 싶었던 자신이 아니었던가.

땡볕 속에 모를 내던
땀에 전 어머니 속적삼
찔레꽃 가시와 함께 피던
길이 있었지
딸의 길은 그 어미의 대물림이라던
그 말의 주술을 피하고 싶어
멀리 돌아온 길
언덕 하나 넘고 바라보니
그 길에 서 있는
엄마 모습을 한 내가 보인다

—「길은 창을 가진다」 부분

시인은 세월이 흐르고 나니 "엄마 모습을 한 내가 보인다"는 구절은 생애의 막바지에 다다른 어머니를 "그믐으로 향해 가는 달의 왼쪽 등허리"(「하현달」)라고 하현달에 비유하면서 "아무도 눈여겨보아 주지 않는 / 흐릿한, / 자꾸 서쪽으로 기우는 몸 / 고요하다 / 그 고요로 온 하늘이 장엄하다"(같은 시)고 한 대목과 함께 절절한 짝을 이룬다. 그 무상감은 하느님과의 관계를 회복해 그 섭리를 깨닫고 순응해 기쁨(위안慰安)을 얻으려는 심경은 「어머니의 코헬렛」에서

나도 뭔가 이생生에서 애석한 그 무엇이 있어
뭔가를 빼앗긴 듯 허망하게 울고 있는
내 어린 영혼이 있는 고향 빈집으로 찾아가
같이 울다 오는지 모르겠다

어느 여름, 당신이 허망하게 앉아 있던
그 대청마루에 당신 닮은 얼굴을 하고 앉아 묻는다
한 생에 건진 건 십자가의 그분
그것이 온 생을 가로질러 걸러진 금이었다는 어머니
이생 건너 그곳에선 지금 좀 재미지는지요

—「어머니의 코헬렛」 부분

라는 시구들에 잘 드러나 있다. 여기서는 꽃보다도 가치관의 중심과 가장 높은 곳에는 어머니도 자신도 '한 생에 건진 건 십자가의 그분(예수 그리스도)'이 있으며, '온 생을 가로질러 걸러진 금金'이 바로 그분이라는 사실을 환기하고 있다. 마지막 행 "이생 건너 그곳에선 지금 좀 재미지는지요"라는 구절에는 이 지상에서와는 차원이 다른 어머니의 천상복天上福을 기구하는 염원이 오롯이 담겨 있다.

시인에게 강은 어린 시절의 추억과 강을 끼고 있는 고향마을, 어머니가 겹쳐 다가오는 그리움의 대상으로 그려진다. 「강이 있는 마을」을 통해 시인은 "동심이 흐르는 그곳 / 강물은 흘러서 좋고 / 마을이 거기 있어 마음 놓이는 / 언젠가는 찾아가 봐야 할 것 같은 / 어머니의 강 / 그 강이 흐르는 마을"이라고 노래한다.

또한 「강물도 그리움이 깊으면」에서는 "흐르는 물도 그리움이 깊어지면 멈출 때가 있다"며, "오늘 물은 어제의 그 물이 아니라지만 / 물도 누군가 사무치게 보고프면 / 몸을 바꾸어서라도 누군가를 기다릴 때 있다"고 자신의 깊은 그리움을 강물에 투영해 바라보기도 한다. 시인이 사유 깊숙이 강물을 끌어들이는 건 그 포용력이 너그럽고 부드럽기 그지없기 때문임은 물론이다.

> 강물에 돌멩이를 던지면 물은 그 돌을 뱉어내는 일 없다
> 가슴에 떨어진 돌이 깊은 옹이를 만들지만
> 부챗살처럼 번지는 아픔을 금세 지우고
> 슬쩍 한 번 몸을 뒤척이며 흘러간다
>
> —「강물이 부드러움을 버릴 때」 부분

하지만 이 시에서는 그 부드러움 못잖게 강물도 화를 내고 상처를 감추지 않을 때도 있다는 사실을 환기하면서 "착한 강물도 자신을 품어줄 바다가 필요하듯 / 누구나 자신을 비빌, 그런 바다 하나쯤 그리워하며 살아간다 / 오늘은 내가 그의 강물이 되어주고 / 내일은 그가 나의 바다가 되어주길 바라면서"라고, 더 나은 삶을 소망하는 데로 마음을 이끌어 올린다. 강은 이같이 시인에게 반면교사가 되어주기 때문이기도 할 것이다.

아무튼 시인은 흐르고, 흐르면서 곡절도 겪으며, 지우기도 하는 강물을 자신의 삶과 겹쳐 들여다보면서 감정과 사랑마저 흘러야 한다는 너그러운 순응의 서사敍事를 펴 보이기에 이른다.

물은 흘러야 하고
시간은 가야 하고
흐르지 않는 바람은 이미 바람이 아니듯
흐르지 못한 구름이 땅에 이마를 짓찧듯
흐르지 않는 물 고인 물은 무서워
<중략>
흐르다 보면 바위에 부딪혀 깨지기도 하고
어딘가 진창에 처박히기도 하지만
흐르면서 지워가는 것이라고
<중략>
어제의 감정들은 이미 흘러간 물결이라고
강물처럼 우린 이만큼 흘러왔다고
세월의 강물이 너와 나 옆구리 사이를 무수히 흘렀다고
흐르지 않는 것은 사랑이 아니라고 말해 두자

―「강물은 흘러야 한다」 부분

이 같은 마음자리에서 시인은 너그럽게 "호수에서 함께 여울지던 물결 / 다른 개울로 갈라져 / 저 너머 멀리 흐르는 / 그대, / 이름 한 번 부르는 것으로 / 오늘의 일용할 양

식 삼는다”(「우리 서로 강물이기를」)는 깨달음에 다다르며, 그 사랑에 대해 “흙탕물 맑은 물 / 흐르고 흐르다 보면 // 어느 먼 훗날 / 숱한 물고기 떼 키우는 / 크고 작은 배들을 띄우는 / 한바다에 가닿으리”(같은 시)라고 노래하고 있다.

하지만 미련이 완전히 지워지지 않는 건 인지상정人之常情일까. 「강물에 하늘이 들어올 때」에서 “내 맘의 강물이 출렁인다 / 출렁이며 흐르는 강물에 / 하늘이 들어온다”고 해도 잘게 쪼개지고 부서지며 구겨진다고 한다. 하늘이 굽어보며 자신을 다 주려 기다려도 강물에게 조금씩 자신을 먹일 수밖에 없다고도 한다. 「우리 서로 강물이기를」과 「어머니의 코헬렛」은 하늘을 따르고 받들며 지향하는 전태련 시인의 정신적, 영성적 극점極點을 시사하는 시편들이 아닐 수 없다.

■ 그루 현대시인선 25

그리고 거기, 모퉁이를
걸어놓고

초판 1쇄 발행 2025년 5월 23일

지은이 전태련
펴낸이 이은재
펴낸곳 도서출판 그루

출판등록 1983. 3. 26(제1-61호)
42452 대구광역시 남구 큰골 3길 30
TEL 053-253-7872 / FAX 053-257-7884
E-mail / guroo@guroo.co.kr

값12,000원
ISBN 978-89-8069-529-4 (03810)